AF243292

PIECES AUTHENTIQUES

Relatives au rapport fait à l'Assemblée nationale, le 19 février 1791, sur les troubles de Tabago.

LA haine et la calomnie se sont permis, dans le sein même de l'Assemblée nationale, contre M. de Jobal, Commandant en chef de Tabago, les imputations les plus révoltantes. Elles ont à peine été connues sur les lieux, qu'elles y ont indigné par leur fausseté. A quoi a-t-il tenu cependant que de pareilles impostures n'aient été couronnées du succès?

M. *Alquier*, dans un rapport envenimé, qui ne rouloit presqu'en entier que sur des accusations aussi invraisemblables que dénuées de preuves, n'en insista pas moins à demander le rappel de ce Commandant. — M. *Voydel*, pour surprendre plus facilement ce rappel à l'Assemblée, le lui présenta artificieusement, non comme *une peine*, mais comme *une mesure de prudence*. — Cette *subtilité cauteleuse* eut beau *exciter des murmures*, M. *Arthur Dillon* ne rougit pas *de la soutenir; il eut même la franchise d'avouer qu'il avoit fourni les faits allégués dans le rapport*, et réunit ainsi sur lui tout l'odieux des deux autres. Enfin, pour accréditer tous les les genres d'inculpation, et éloigner jusqu'à l'ombre du doute, M. *Moreau de St. Mery*, autre Député de la Martinique, assura affirmativement que *tous les faits exposés étoient exactement vrais. (Journal général de France. Moniteur universel.)*

A

Il fallut tout le zele et toute la force de MM. *Malouet* et *Emmery*, pour faire triompher *l'honnête-homme* (*) d'un concert frauduleux.

Et que demandoit-on pour le Commandant de Tabago ?..... qu'il ne fût pas condamné sans être entendu.

Et que porte le décret rendu à son sujet ?...... la même instruction précisément qui n'avoit pu assouvir la rage aveugle de ses accusateurs, celle qu'avoit déja donnée M. *de Fleurieu*, Ministre de la Marine, aux Commissaires partis pour la Martinique, *d'informer des plaintes contre cet Officier, et d'y statuer provisoirement.*

Ce n'étoit pas là ce qu'il falloit à ces forcenés ; aussi ont-ils échoué dans leur fureur.

Le premier usage que MM. les Commissaires ont fait de leur autorité à l'égard de M. de Jobal, n'a servi qu'à faire resplendir l'innocence d'un chef persécuté. Renvoyé par eux aux fonctions d'une place dont il s'étoit toujours montré digne, il a été reçu solemnellement à Tabago, plutôt en pere qu'en Commandant, par tous les François qui habitent cette isle ; les ennemis seuls du repos public ont pâli à son retour. Puisse leur honte être

---

(*) « M. Emmery demande avec force pour M. de Jobal, son compatriote, » dont il atteste le patriotisme, que l'Assemblée ne prononce rien sans l'entendre. Les » faits, dit-il, qu'on impute à M. de Jobal, n'ont aucun caractere d'authenticité, de » dénonciation publique : aucun n'est prouvé : et ce qu'il y a de plus affreux, c'est que » la famille qui a demandé la communication des charges, n'a pu encore les obtenir. » Cette délation a été secrette : il semble qu'on ait un intérêt à ne la faire éclore, » que pour surprendre votre jugement ; et vous prononceriez, Messieurs, la condam- » nation de *cet honnête homme* ! (*Gazette universelle.*)

« A ces mots, des éclats de rire aussi inconcevables qu'indécens, partent du côté » gauche de la salle : M. Emmery en est justement scandalisé : il ne voit pas ce que » peut avoir de ridicule ce mot *d'honnête-homme.* Les mêmes personnes veulent rire » encore, mais la majeure partie de l'Assemblée et les galeries les couvrent de con- » fusion par leurs applaudissemens, et font par-là justice de leur barbare insensibilité » (*Journal général de France, Gazette universelle.*)

accompagnée de remords, et suivie d'un repentir salutaire, ou d'une juste punition !

Les trois écrits qui vont suivre, ne sont que le prélude d'un mémoire justificatif très-étendu, où M. de Jobal suit ses adversaires dans tous les détails de leurs hideuses calomnies. Ce mémoire est prêt, mais il ne paroîtra que lorsque M. de Béhague, Gouverneur des isles du vent, et les quatre Commissaires du Roi en auront pris connoissance à Tabago même.

On y a ajouté une lettre écrite le 4 mars 1791, par Mde. de Jobal, épouse du Commandant de Tabago à M. *de Dillon*, que des raisons particulieres qui ne subsistent plus, ont empêché alors de publier.

Toutes ces pieces dévoileront de plus en plus, s'il est possible, l'ame et le caractere de ce personnage si connu, inventeur des calomnies les plus atroces contre un homme plein d'honneur et de probité; protecteur déclaré de tous les gens *suspects et tarés* qui se sont dit ennemis de cet Officier; leur guide, leur conseil, le centre de leurs viles intrigues, et le confident de leurs plus noirs complots.

Cet homme n'a pas osé répondre à la lettre d'une femme justement irritée. Qu'eût-il dit pour se laver de tant de táches ? Il répondra sans doute à celles de son mari......

DESNOYERS DE JOBAL.

On apprend que dans la séance du 22 de ce mois (d'octobre), M. Bosq, admis à la barre de l'Assemblée nationale, a parlé contre le Commandant de Tabago. Il n'a fait que répéter, dans son style objurgant, les mêmes plaintes et les mêmes calomnies dont il avoit fatigué tant de fois les sections de Paris, et que l'Assemblée nationale a renvoyé, au mois de février dernier, à l'examen provisoire de ses Commissaires dans les isles. Enorgueilli, sans doute, de ce qu'un jugement rendu contre lui a été cassé sans contradiction, à la faveur d'une amnistie générale décrétée pour les isles, le 8 mars 1790, par l'Assemblée nationale constituante, il s'est flatté que l'Assemblée nationale législative lui accorderoit de même une indemnité, sans entendre les parties; quel aveuglement ! Assez long-temps M. Bosq a voulu combattre seul, pour vaincre plus sûrement. Il peut fort bien attendre à présent le retour de MM. les Commissaires; leur rapport éclaircira tout........ mais c'est là peut-être ce qu'il voudroit éviter.

A 2

Lettre de M. de Jobal, Commandant en chef à Tabago, à M. Dubuc, Président du Comité colonial de la Martinique.

15 mai 1791.

Monsieur,

De tous les coups qui m'ont été portés depuis six mois, un seul m'a atteint au cœur : c'est celui qui m'a été lancé par M. de Dillon, au nom de l'Assemblée coloniale de la Martinique.

Dans le sein de qui, plutôt que dans le vôtre, pourrois-je épancher ma douleur ? Placé fréquemment à la tête de cette Assemblée, vous pouvez, Monsieur, mieux que qui que ce soit, m'aider à découvrir par quel prestige elle a été trompée, et à réparer les torts immenses que m'a causés son erreur.

Mon frere vient de me transmettre une note de M. de Dillon, conçue en ces termes :

« La déclaration a été faite contre M. de Jobal par les » Commissaires conciliateurs envoyés de Tabago à la Marti- » nique : ce sont MM. Hamilton et Irivine. Les lettres de » l'Assemblée coloniale de la Martinique sont du 14 décembre ».

C'est donc au nom de l'Assemblée de la Martinique, que M. de Dillon m'accuse à Paris *d'avoir soulevé les Soldats de la garnison de Tabago, contre le gré de M. Desperrieres, et de les avoir envoyés se réunir aux rébelles du fort St. Pierre.* (Moniteur universel.)

Que deux Ecossois aient abusé de leur mission *purement conciliatoire*, pour me calomnier à la Martinique, cela peut bien être, et je ne puis m'en étonner ; mais qu'une Colonie où je suis connu depuis seize ans, à laquelle je suis attaché par tant de liens, ait pu prêter l'oreille à ces calomnies, les croire sans examen, sans vérification, les transmettre à ses Députés, et m'en dénoncer coupable à la face de l'univers, voilà, Monsieur, ce qui bouleverse mes idées, et me plonge dans le chagrin le plus vif que j'aie ressenti de ma vie.

La lettre dont il s'agit, datée du 14 décembre, étoit à peine partie de la Martinique, lorsque M. Desperrieres y arriva avec cent hommes du régiment de la Sarre ; il avoit été précédé de deux obusiers, beaucoup de munitions de guerre, et un détachement du Corps-royal d'Artillerie.

Alors il fut facile à l'Assemblée de reconnoître son erreur ; alors elle dut apprendre que non-seulement la déclaration de MM. Hamilton et Irivine étoit fausse ; que non-seulement je n'avois jamais excité les soldats à marcher contre la Colonie, mais que j'avois saisi avec empressement l'occasion de lui envoyer des secours ; que j'avois fourni ces secours *de mon pur mouvement, sans réquisition préalable de l'Assemblée de Tabago,* et sans autre impulsion que le vif intérêt que j'ai toujours pris à la cause des colons.

N'eut-il pas été équitable de la part de l'Assemblée de la Martinique, de rectifier alors les instructions qu'elle avoit fournies à ses Députés ? N'eut-il pas été juste de mander à M. Dillon que je n'étois *ni un traître ni un rébelle* (expressions dont il a osé se servir en parlant de moi), et de l'instruire que j'avois au contraire compromis ma propre sûreté ; que je m'étois exposé aux mouvemens séditieux de la populace, en faisant pour la Martinique ce qu'aucun Gouverneur des autres isles voisines, n'avoit tenté d'exécuter.

Ma destinée vous paroîtra, Monsieur, bien étrange, si vous prenez la peine de considérer que, ni le Gouverneur de la

Guadeloupe, ni celui de Ste. Lucie, n'ont pu fournir le moindre secours direct à M. de Damas, quoiqu'ils en eussent sans doute la volonté ; que seul de tous les Commandans militaires, j'ai bravé toutes sortes de dangers en envoyant des armes et des Soldats ; et cependant pour prix d'un zele si éclatant, j'ai été seul dénoncé à l'Assemblée nationale, comme fauteur des rébelles.

En attendant que je puisse contraindre MM. Hamilton et Irivine à une rétractation, je joins ici, Monsieur, une déclaration de MM. les Officiers du régiment de la Sarre, qui détruit de fond en comble les fausses assertions de ces deux Députés.

Si les grandes occupations de l'Assemblée de la Martinique lui ont fait négliger jusqu'à ce jour de détromper ses Députés à mon sujet, j'ai trop de confiance en votre justice, pour ne pas espérer que vous l'engagerez à ne pas différer plus long-temps.

M. de Dillon connoît trop le prix de la réputation, pour ne pas réparer le tort qu'il a fait à la mienne, aussitôt que ses commettans lui en auront fourni les moyens. Celui qui me paroîtroit le plus efficace, seroit de lui transmettre la déclaration ci-jointe des Officiers de la Sarre, avec instruction de la rendre publique et de la communiquer à l'Assemblée nationale.

Il me reste, Monsieur, une grace à vous demander ; c'est de vouloir bien me procurer une copie de la déclaration faite par MM. Hamilton et Irivine ; en supposant qu'ils l'ont donnée par écrit, ou l'extrait des minutes de l'Assemblée, s'il y a été fait mention de la déclaration verbale de ces Députés, en ce qui me concerne.

J'ai l'honneur d'être, etc.

Signé, JOBAL.

Déclaration des Officiers du Régiment de la Sarre.

Les Officiers du régiment de la Sarre en garnison à Tabago, instruits des calomnies atroces qui ont été débitées dans le sein même de l'Assemblée nationale, contre M. de Jobal, Commandant en chef de ladite isle, croient leur honneur intéressé à repousser, autant qu'il est en leur pouvoir, des accusations dont la fausseté leur est parfaitement connue, et à ne pas souffrir, par un silence coupable, qu'un Chef qu'ils ont toujours vu faire les plus grands efforts pour maintenir la discipline dans la garnison, soit accusé d'avoir travaillé lui-même à la détruire.

Sans prétendre donc s'immiscer en rien dans d'autres accusations, dont ils n'ont aucune connoissance, ils déclarent sur leur honneur qu'il est notoirement faux *que M. de Jobal ait mis les armes à la main des Troupes, contre la volonté de M. Desperrieres, Capitaine commandant alors les trois compagnies,* ni qu'il ait eu aucune part au départ des quatre-vingt-douze hommes partis pour la Martinique, qu'en épuisant tous les moyens qui pouvoient les empêcher de se livrer à cette violation de la discipline. Ils déclarent au contraire qu'ils ont toujours reçu de lui des ordres entiérement opposés aux principes que ces calomniateurs lui supposent ; et que le départ de quatre-vingt-douze hommes contre la volonté de leurs Chefs ne peut être attribué qu'à l'esprit d'insubordination qui régnoit alors.

Ils déclarent de plus que lorsque, dans le mois d'octobre dernier, M. de Jobal a demandé au Président de l'Assemblée coloniale les armes qu'il avoit prêtées à la Colonie, ç'a été sur les représentations qui lui ont été faites, que cette démarche étoit absolument indispensable pour prévenir les plus grands malheurs ; en foi de quoi ils ont signé le présent certificat, comme un témoignage de l'horreur que des calomnies aussi viles leur ont inspirée.

Fait triple au fort Castries de l'isle de Tabago, ce 10 avril 1791.

Signés, Desperriers, *Commandant,* Jacquemart, Teybardis, Langalire, la Boissierre, Deshuru, Calonne, de Milbert, de Montbel, la Rocheaymon, le Chevalier Dufaux, de la Deveze, Boëry, la Chemaye, Gorvault, de Rentierre, de Chavanne, Page, Albert, Carpentras, Silvestre, Duchêne, l'Orient, Angoulême, Favrelly, Sevigné, Brunet, Loiselle, Duprey, Pleiche, Faberre *et* Gué.

Certifié véritable par M. de Jobal, et paraphé des Notaires soussignés, au désir de l'acte de dépôt de ce jour 23 mai 1791.

Collationné, Clavery.

Acte de Dépôt.

Dépôt de piecces par M. de Jobal ; du 23 mai 1791.

Aujourd'hui vingt-troisieme du mois de mai de l'année mil sept cent quatre-vingt-onze, du matin,

Est comparu pardevant les Notaires royaux, en l'isle Martinique, résidant en la ville du Fort-royal, soussignés,

M. Antoine de Jobal, Chevalier de l'Ordre royal et militaire de saint Louis, Commandant particulier de l'isle de Tabago, étant ce jour en cette ville du Fort-royal ;

Lequel a requis Me. Clavery, l'un des Notaires soussignés, de recevoir en dépôt, au rang de ses minutes, un certificat qui lui a été délivré par MM. les Officiers et Sous-officiers du régiment

régiment de la Sarre, en garnison à Tabago, relativement aux fausses accusations qui lui ont été imputées : ledit certificat daté du dix avril de l'année mil sept cent quatre-vingt-onze, qui sera et demeurera déposé au rang des minutes dudit Me. Clavery, pour en être délivré, à qui il appartiendra, toutes expéditions requises et nécessaires, après avoir été certifié véritable de mondit sieur de Jobal, et paraphé des Notaires soussignés, dont acte.

Fait et passé en l'étude, lesdits jour, mois et an que dessus, et a mondit sieur de Jobal signé avec lesdits Notaires, après lecture. *Signé à la minute*, DE JOBAL, LEFEBVRE et CLAVERY, Notaires........

(Suit la teneur du Certificat comme ci-dessus).

Nous Jérôme-Simon Charrot, Avocat en Parlement, Conseiller du Roi, Sénéchal de la ville du Fort-royal de l'isle Martinique,

Certifions à tous qu'il appartiendra, que MM. Lefebvre et Clavery, qui ont signé et délivré l'expédition ci-dessus et des autres parts, sont Notaires royaux en cette isle : que foi doit être ajoutée à tous actes qu'ils signent et délivrent en cette qualité, tant en jugement que hors : en foi de quoi nous avons signé ces présentes, auquel le sceau de l'isle sera apposé.

Donné en notre hôtel, au Fort-royal Martinique, le vingt-trois mai mil sept cent quatre-vingt-onze, signé *Simon Charrot*. Scellé au Fort-royal M|que, le 23 mai 1791. R. 4 liv. 10 sols. MICHEL, avec paraphe. -- Le sceau est en cire rouge.

Acte de dépôt de la Réponse de M. Dubuc fils.

Aujourd'hui vingt-troisieme du mois de mai de l'année mil sept cent quatre-vingt-onze du matin,

Est comparu pardevant les Notaires royaux, en l'isle Martinique, résidant en la ville du Fort-royal, soussignés,

M. Antoine de Jobal, Chevalier de l'Ordre royal et militaire de saint Louis, Commandant particulier de l'isle de Tabago, étant ce jour en cette ville du Fort-royal;

Lequel a requis Me. Clavery, l'un des Notaires soussignés, de recevoir en dépôt, au rang de ses minutes, une lettre écrite par Me. Dubuc fils, Président du Comité colonial, à mondit sieur de Jobal, en réponse à celle qu'il lui avoit écrite sur des fausses imputations qui avoit été faites contre mondit sieur de Jobal; ladite lettre en date du 20 de ce mois, qui sera et demeurera déposée aux minutes dudit Me. Clavery, pour en être délivré, et à qui il appartiendra, toutes expéditions requises et nécessaires, après avoir été certifiée véritable de mondit sieur de Jobal, et paraphée des Notaires soussignés, dont acte.

Fait et passé en l'étude, lesdits jour, mois et an que dessus : et a mondit sieur de Jobal signé avec lesdits Notaires, après lecture. *Signé à la minute,* DE JOBAL, LEFEBVRE, et CLAVERY, Notaires.

(Suit la lettre de M. Dubuc fils).

Fort-royal, 20 mai 1791.

MONSIEUR ,

J'AI reçu la lettre que vous m'avez fait l'honneur de m'écrire le 15 de ce mois. Comme tout ce que vous me dites, porte sur une supposition qui se trouve fausse, la réponse sera facile.

L'Assemblée coloniale de la Martinique n'a jamais rien écrit ~~contre vous~~ aux Députés de la Colonie à l'Assemblée nationale ; il n'existe aucune lettre d'elle ni de son Directoire à ces Députés, sous la date du 14 décembre 1790.

J'ai peine à croire que M. Arthur Dillon vous ait, au nom de ses Commettans, dénoncé à l'Assemblée nationale , et je pense que les informations qu'on vous a données à cet égard, ne sont pas exactes. Au surplus, je ne puis avoir là - dessus que de fortes présomptions ; mais j'ai certitude, et je vous la donne, que cette dénonciation n'est point partie de l'Assemblée coloniale de la Martinique. Elle n'a jamais cru *que vous eussiez soulevé les Soldats de la garnison de Tabago, et que vous les eussiez envoyés à St. Pierre.* N'ayant point commis d'erreur à cet égard, elle n'en a point à reconnoître. J'ose vous assurer que loin de l'avoir dit, elle ne l'a pas même pensé. MM. Hamilton et Irivine n'ont point fait de déclaration semblable ; il n'en existe aucune trace dans les procès-verbaux. Je mettrai sous vos yeux, si vous le desirez, ces procès-verbaux , et vous reconnoîtrez que c'est vous qui avez été induit en erreur.

Vous sentez, d'après cela, que l'Assemblée n'ayant point trompé ses Députés, n'est pas dans le cas de les détromper. Je déposerai aux archives le certificat de MM. les Officiers de la Sarre, et il en sera, comme vous le desirez, envoyé copie à nos Députés de la Colonie en France.

Il est certain, M., que lorsque M. de Damas vous demanda pour la première fois quelques pieces d'artillerie et des munitions de guerre, vous envoyates, non-seulement ces objets, mais encore un petit détachement d'artillerie, commandé par un Officier et un détachement de quinze hommes du régiment de la Sarre, qui n'avoient pas été demandés.

Ce fait est connu de tout le monde, et je le certifierai à quiconque pourroit l'ignorer.

J'ai l'honneur d'être avec considération, M., votre très-humble et très-obéissant serviteur,

Signé, Dubuc fils, *Président du Comité colonial.*

Certifié véritable par M. de Jobal, et paraphé des Notaires soussignés, au desir de l'acte de dépôt de ce jour 23 mai 1791...... un mot rayé, nul.

Collationné. Clavery, *avec paraphe.*

Nous Jérôme-Simon Charrot, Avocat en Parlement, Conseiller du Roi, Sénéchal en la Sénéchaussée royale de la ville du Fort-royal,

Certifions et attestons à tous qu'il appartiendra, que MM. Lefebvre et Clavery, qui ont signé l'acte ci-dessus et des autres parts, sont Notaires royaux en cette isle, que pleine et entiere foi est, et doit être ajoutée aux actes qu'ils signent en cette qualité, tant en jugement que hors;

En témoin de quoi nous avons signé ces présentes auxquelles le sceau de l'isle sera apposé. Donné en notre hôtel, au Fort-royal de la Martinique, le vingt-trois mai mil sept cent quatre-vingt-onze. *Signé*, Simon Charrot.

Scellé au Fort-royal M[que le 23 mai 1791. Reçu 4 liv. 10 sols. *Signé*, Michel, *avec paraphe*, avec le sceau de l'isle en cire rouge.

LETTRE analogue aux objets ci-dessus , écrite par Mde. Jobal à ... de Dillon, le 4 mars 1791.

J'AI appris, Monsieur, sans le moindre étonnement, les déclamations que vous vous êtes permises le 17 du mois dernier dans la tribune de l'Assemblée nationale, contre mon mari, Commandant à Tabago. Depuis long-temps je savois que vous cherchiez à lui nuire, quoique vous fissiez toujours son éloge dans vos lettres à M. de Boüillé. Je n'ai pas dû ajouter plus de foi aux assurances multipliées que vous m'avez fait donner depuis peu, de vos dispositions à adoucir le rapport de M. Alquier, et à atténuer les charges contre M. de Jobal.

Rappellez-vous, Monsieur, toutes les propositions insidieuses que vous avez osé faire à sa famille. Après avoir entamé sans succès auprès d'elle une négociation d'argent, vous avez essayé de l'intimider par un tableau exagéré des plaintes ; vous avez été jusqu'à l'engager à solliciter elle-même du Ministre de la Marine le rappel amiable de mon mari. Vous n'ignoriez cependant pas les instructions sages que ce Ministre (*M. de Fleurieu*) avoit donné à son sujet aux Commissaires partis pour la Martinique ; mais vous ne vouliez pas d'examen sur les lieux ; il falloit, pour remplir vos vues, un rappel prompt et absolu ; et c'est dans l'espoir de l'obtenir, qu'on avoit laissé ignorer le jour du rapport aux Membres de l'Assemblée qui avoient la promesse la plus formelle d'en être instruits.

Toutes vos mesures ayant été successivement déconcertées, vous vous en êtes amplement dédommagé, Monsieur, en dénigrant noblement, à deux mille lieues de distance, un Officier votre collegue, qui ne pouvoit se défendre, et en aggravant, contre votre parole, les reproches de ses accusateurs les plus forcenés.

Ceux qui connoissent M. de Jobal, sauront bien apprécier toutes les invectives dont la tribune a retenti pendant plus d'une heure. L'intrigue, la perfidie, la trahison leur paroîtront inconciliables avec son caractere droit, franc et loyal ; son extrême bonté fera rejetter tout soupçon de tyrannie ; le défaut de fermeté sur-tout ne pourra se lier avec son nom ; mais je crains, Monsieur, pour ceux qui ne le connoissent point, votre grande influence sur l'opinion publique.

Comment résister en effet à la considération distinguée que vous vous êtes acquise dans tous les temps, qui des Colonies vous a suivie à l'Assemblée nationale, et qui s'est si prodigieusement accrue, depuis le jour glorieux où vous avez fait amende-honorable au club des Jacobins, pour avoir servi d'instrument au despotisme ministériel ? J'essaierai au moins de contrebalancer, jusqu'au rapport des Commissaires, un avantage aussi marqué que le vôtre, en donnant connoissance au public d'une lettre que je viens de recevoir de mon mari, en date du 13 décembre.

Les faits qu'elle contient sont absolument opposés à ceux de même date que vous avez allégués, et que vous n'avez pas même permis à M. Emmery d'attribuer à des *délations particulieres*. Il alloit mieux, sans doute, à votre plan, de mettre en jeu l'Assemblée coloniale de Tabago, au sujet d'une lettre privée, écrite par son Président à M. Pétrie, son frere, et l'Assemblée coloniale de la Martinique, au moyen d'une déclaration de deux Commissaires conciliateurs envoyés de Tabago à St. Pierre. Par ce tour d'adresse, trois particuliers vous ont suffi pour présenter une coalition des deux isles de Tabago et de la Martinique. Vous n'avez pas même négligé la petite ruse de faire placer M. Pétrie dans la tribune des Députés extraordinaires, et d'avoir les yeux continuellement fixés sur lui, comme pour appeller le témoignage d'un homme public au secours de vos assertions particulieres ; et le même M. Pétrie a écrit à M. de Boüillé qu'il n'étoit ni Député de Tabago, ni chargé d'aucune demande de la part de cette Colonie ; qu'importe, après cela, qu'il ait assisté, ainsi que vous l'avez dit avec emphase, à toutes les séances du Comité colonial?

M. de Jobal qui ignore toutes les menées de ses ennemis, qui n'a aucun intérêt de me déguiser la vérité, me mande qu'*il est très-tranquille et qu'il désire que cela continue* (*); il m'avoit écrit la même chose le 18 novembre précédent, en m'annonçant qu'il lui étoit arrivé, depuis le 15 octobre, trois cents hommes du régiment de la Sarre. Dans sa lettre du 13 décembre, il m'apprend encore que *cent Soldats de ce régiment sont partis, sans permission quelconque et sans Officiers, pour aller au secours de St. Pierre ;* que *les soi-disant Citoyens patriotes de toutes les isles françoises s'y sont rendus, ainsi que presque toutes les troupes qui y ont été sans ordres ;* qu'il est sans nouvelles de M. de Damas depuis le 29 août, jour *de l'insurrection du fort Bourbon ;* qu'il n'a reçu du Ministre de la Marine aucune réponse à ses dépêches, depuis le commencement des troubles ; que les désordres *ne finiront* vraisemblablement à la Martinique et dans les autres isles, *que par un décret de l'Assemblée nationale, qui arrivera, à ce qu'il espere, avant la fin de l'année.*

Ce que mon mari m'écrit de la désertion des troupes, arrivée dans les autres isles, on le savoit déja par différentes lettres. M. de Clugny, par exemple, n'a pu empêcher cinq cents hommes du régiment de la Guadeloupe d'aller à St. Pierre, d'où ils n'étoient pas encore revenus le 2 de janvier. Il n'y a pas un seul Chef dans toutes les Colonies, dont le courage et la patience n'aient été mis à de rudes épreuves; il ne leur a manqué, pour être dénoncés à l'Assemblée nationale, que d'avoir des ennemis d'une espece Heureusement aussi rare que ceux qui persécutent

---

(*) *Suivant MM. Alquier & Dillon, toute la Colonie étoit alors dans le plus grand trouble, par la faute du Commandant.*

mon mari, et dont vous êtes devenu, Monsieur, le point de ralliement.

Si M. de Jobal pouvoit être honoré par les louanges de votre protégé, je vous citerois des personnes dignes de foi, auxquelles M. de St. Léger a fait son éloge, à son arrivée en France. J'aime mieux ne pas m'exposer à ternir la gloire des suffrages plus flatteurs qu'il est sûr d'obtenir des Officiers qui ont servi sous ses ordres, et des plus honnêtes Citoyens de Tabago. Ils ne l'accuseront pas, comme vous, d'avoir montré et trop de foiblesse et trop de dureté, ce qui est toujours facile à dire ; ils publieront au contraire que la conduite qu'il a tenue envers les troupes rébelles, dans le moment du plus grand danger, a été applaudie par toute la Colonie, comme un trait de prudence et de fermeté.

Ce n'est qu'aux adversaires de M. de Jobal, qu'il convenoit de se faire absoudre, en vertu de l'espece d'amnistie prononcée par le décret du 8 mars de l'année derniere. Toute idée de grace répugneroit à sa délicatesse ; jamais il n'a été demandé pour lui que justice rigoureuse. Il se justifiera, n'en doutez pas, Monsieur, de toutes les inculpations dont on l'a noirci dans l'ombre du mystere, et par la plus basse intrigue ; mais il sera obligé de quitter son poste pour se rendre à la Martinique auprès de MM. les Commissaires, et c'est là, sans doute, où vous l'attendez. L'honorable Membre qui a assuré à l'Assemblée que *tous les faits* que vous veniez d'exposer contre le Commandant de Tabago, étoient *exactement vrais*, s'en est expliqué assez hautement, après la levée de la séance, en annonçant qu'*une fois parti de la Colonie, on l'empêcheroit bien d'y retourner.* Je n'ai là-dessus, Monsieur, qu'une chose à vous dire : M. de Jobal a déja été victime de l'incendie allumé par des factieux, en perdant son mobilier ; s'il doit l'être encore de la cabale, par la perte de sa place, il ne le sera pas, à coup sûr, par celle de son honneur.

J'ai l'honneur d'être, etc. Desnoyers de Jobal.

www.ingramcontent.com/pod-product-compliance
Lightning Source LLC
Chambersburg PA
CBHW051258050726
47595CB00008B/3318